KRAFT
PHILADELPHIA
mit Milka Alpenmilchschokolade

Schokokuchen & mehr

Kreative Rezeptideen für den schokoladig-cremigen Genuss

südwest

Inhalt

Schokoladige Momente zum Genießen

Mit einem guten Frühstück startet ein guter Tag. Marmelade und Konfitüre, Honig, auch Sirup und sehr gern Schokoladiges kommen bei uns morgens auf Brot, Croissants oder Brötchen. Und beim Thema Schokoladiges »streicht« jetzt auch PHILADELPHIA nicht nur zum Frühstück cremig mit.

PHILADELPHIA zeigt sich jetzt von seiner Schokoladenseite! Cremig-kühler PHILADELPHIA macht zusammen mit Milka® – der zartschmelzenden Schokolade aus 100 Prozent Alpenmilch – Schokoladenträume wahr. Denn aus beiden zusammen ist ein unwiderstehlicher PHILADELPHIA mit Milka® für große und kleine Genießer geworden.

Neben dem außergewöhnlichen Geschmackserlebnis ist PHILADELPHIA mit Milka® auch gekühlt immer perfekt streichfähig – und das bei 14 Prozent Fett.

Und PHILADELPHIA mit Milka® ist weit mehr als nur ein cremig-kühler Brotaufstrich für Frühstück & Co., denn er ist auch die perfekte Basis für köstliche

Schokokuchen, feine Desserts oder kleine Schokosnacks. Lassen Sie sich von unseren schokoladigen Rezeptideen verführen: Wie wäre es z. B. mit einem cremig gefüllten Schokocroissant, mit Pfannkuchen mit Schoko-Creme oder einem Stück New York Chocolate-Cheesecake? Genießen Sie Ihre Schokolust! Ob fruchtig kombiniert, aromatisch mit Kaffee abgeschmeckt oder mit verführerischem Karamell – mit diesen Rezepten zeigt sich Ihnen jeder Tag von seiner Schokoladenseite.

Jedes Rezept ist mit viel Liebe zum Detail entwickelt worden. Alle Zubereitungsschritte sind schnell und einfach umsetzbar. Komplizierte Küchengeräte kommen nicht zum Einsatz, und die Zutaten finden Sie problemlos im Supermarkt.

Im Kühlregal ist PHILADELPHIA mit Milka® nicht zu übersehen: Die ovale Verpackung kommt von PHILADELPHIA, das gut bekannte Lila steuert Milka® bei – und in der Packung finden Sie die köstliche Kombination aus beidem.

29 schokoladige Genussmomente finden Sie in diesem Buch. Noch mehr Rezepte gibt es auf www.philadelphia.de im Internet.

Wir wünschen Ihnen viel Freude beim Stöbern und Genießen!

Frühstücksideen, Desserts & Snacks

Pfannkuchen mit Schoko-Creme und Beerenfrüchten

Portionen: 4 | Zubereitungszeit: 20 Minuten

125 g Mehl

3 EL Zucker

1 Prise Salz

175 g PHILADELPHIA
Classic Balance

2 Eier

100 ml Mineralwasser
mit Kohlensäure

2 TL Öl

175 g PHILADELPHIA
mit Milka®

2 EL Milch

250 g Beeren
(z. B. Erdbeeren, Himbeeren, Heidelbeeren)

1. Mehl, 1 EL Zucker und 1 Prise Salz vermischen. Philadelphia Classic, Eier und Mineralwasser hinzugeben und alles mit dem elektrischen Handrührgerät zu einem glatten Teig verrühren.

2. Backofen auf 50 °C (Ober- und Unterhitze) vorheizen. Eine Pfanne mit Öl fetten und erhitzen. Aus dem Teig 4 Pfannkuchen backen, schon fertige Pfannkuchen im Ofen warm halten.

3. Philadelphia mit Milka und Milch glatt rühren. Beeren putzen und mit 2 EL Zucker mischen. Pfannkuchen mit Schoko-Creme und Beeren anrichten und servieren.

Pro Portion: ca. 1916 kJ/458 kcal; E 14 g; F 17 g; KH 61 g

Schokowaffeln

Stück: 12 | Zubereitungszeit: 5 Minuten | Backzeit: 25 Minuten

50 g Butter (zimmerwarm)

100 g Zucker

4 Eier

2 Pck. PHILADELPHIA mit Milka® (à 175 g)

200 ml Milch

300 g Mehl

100 g Speisestärke

1. Das Waffeleisen mit etwas Butter einfetten und aufheizen. Restliche Butter, Zucker und Eier mit dem elektrischen Handrührgerät schaumig schlagen. 1 Pck. Philadelphia mit Milka, Milch, Mehl und Speisestärke zugeben und zu einem glatten, zähflüssigen Teig verrühren. Ist der Teig zu fest, noch 1 bis 2 EL Milch zugeben.

2. Je Waffel 3 EL Teig in die Mitte des Waffeleisens geben und ca. 2 Minuten goldbraun backen.

3. Den übrigen Philadelphia mit Milka nach Belieben mit 2 EL Milch glatt rühren und Waffeln warm mit einem Klecks Schoko-Creme servieren.

Pro Stück: ca. 1252 kJ/299 kcal; E 7 g; F 10 g; KH 45 g

Chocolate-Pancakes

Portionen: 4 | Zubereitungszeit: 20 Minuten

250 g Mehl

2 TL Backpulver

1 EL Zucker

2 Pck. PHILADELPHIA mit Milka® (à 175 g)

2 Eier

200 ml Milch

50 ml Mineralwasser mit Kohlensäure

2 TL Öl

1. Mehl, Backpulver und Zucker vermischen. 1 Pck. Philadelphia mit Milka, Eier, Milch und Mineralwasser hinzugeben und alles mit dem elektrischen Handrührgerät zu einem glatten Teig verrühren.

2. Backofen auf 50 °C (Ober- und Unterhitze) vorheizen. Eine Pfanne mit Öl fetten und erhitzen. Aus je 2 EL Teig bei mittlerer Hitze 16 kleine Pancakes backen. Schon fertige Pancakes im Ofen warm halten.

3. Den restlichen Philadelphia mit Milka nach Belieben mit 2 EL Milch glatt rühren. Pancakes damit bestreichen und zu kleinen Türmchen geschichtet servieren.

Pro Portion: ca. 2337 kJ/558 kcal; E 17 g; F 19 g; KH 79 g

Tipp: Je nach Pfannengröße können 2 oder mehr Pancakes gleichzeitig gebacken werden.

Cremige Schokocroissants

Stück: 6 | Zubereitungszeit: 5 Minuten | Backzeit: 15 Minuten

1 Pck. Croissantteig (gekühltes Fertigprodukt)

100 g PHILADELPHIA mit Milka®

50 g Cranberrys (getrocknet)

1. Backofen auf 200 °C (Ober- und Unterhitze) vorheizen. Teig entrollen und in Dreiecke trennen.

2. Im unteren breiten Teil mittig je 1 gehäuften TL Philadelphia mit Milka auf die Teigdreiecke geben. Einige Cranberrys auf dem kompletten Dreieck verteilen. Dreiecke zur Spitze hin aufrollen. Im Ofen auf einem Backblech mit Backpapier 10 bis 15 Minuten goldbraun backen.

Pro Stück: ca. 871 kJ/208 kcal; E 5 g; F 10 g; KH 24 g

Schoko-Knuspertoast

Stück: 2 | Zubereitungszeit: 5 Minuten

Das Bild zu diesem Rezept finden Sie auf Seite 2.

1 EL Cornflakes

1 TL Erdnüsse (geröstet und gesalzen)

2 Scheiben Toastbrot

2 EL PHILADELPHIA mit Milka®

1. Cornflakes zerbröseln, Erdnüsse nach Belieben grob hacken. Beides mischen. Toastbrot toasten, Philadelphia mit Milka darauf verstreichen und mit der Knuspermischung bestreut servieren.

Pro Stück: ca. 767 kJ/183 kcal; E 5 g; F 6 g; KH 27 g

Cremiges Schoko-Bananen-Brötchen

Stück: 1 | Zubereitungszeit: 5 Minuten

1 Brötchen (z. B. Baguettebrötchen)

2 EL PHILADELPHIA mit Milka®

1 TL gehackte Nüsse oder Samen (z. B. Sesam, Pistazien, Haselnusskrokant)

1 kleine Banane

1. Brötchen halbieren und mit Philadelphia mit Milka bestreichen. Nüsse und Samen nach Belieben in einer Pfanne ohne Fett anrösten.

2. Banane schälen, in Scheiben schneiden und auf die Brötchenhälften legen. Schoko-Bananen-Brötchen mit gehackten Nüssen oder Samen bestreuen.

Pro Stück: ca. 1675 kJ/400 kcal; E 9 g; F 10 g; KH 66 g

Schoko-Bananen-Shake

Portionen: 2 | Zubereitungszeit: 5 Minuten

2 Bananen

175 g PHILADELPHIA mit Milka®

200 ml Milch

einige Eiswürfel

1. Bananen schälen und in grobe Stücke schneiden.

2. Philadelphia mit Milka, Milch und Bananenstücke mit dem Pürierstab oder dem Mixer cremig aufschlagen und Shake in Gläser füllen. Mit Eiswürfeln genießen.

Pro Portion: ca. 1653 kJ/395 kcal; E 10 g; F 13 g; KH 57 g

Schoko-Trifle

Portionen: 4 | Zubereitungszeit: 10 Minuten | Kühlzeit: 10 Minuten

1 großes Glas Sauerkirschen (entsteint)

1 Pck. Tortenguss

1 TL Zimtpulver

250 g PHILADELPHIA mit Milka®

3 EL Milch

4 Milka® Choco Cookies

1. Kirschen abtropfen lassen, Saft dabei auffangen. Den Tortenguss mit Kirschsaft glatt rühren und den Zimt dazugeben. Saft unter Rühren zum Kochen bringen und kurz aufkochen; Kirschen unterheben. Kirschkompott auf 4 Gläser verteilen und etwa 10 Minuten kalt stellen.

2. Philadelphia mit Milka und Milch glatt rühren und auf das Kompott geben.

3. Choco Cookies grob zerbröseln und auf der Philadelphia-Creme verteilen. Das Trifle bis zum Servieren kalt stellen.

Pro Portion: ca. 1642 kJ/392 kcal; E 6 g; F 12 g; KH 62 g

Tipp: Das fruchtige Aroma der Zimtkirschen ist ein schöner Kontrast zum schokoladig-süßen Philadelphia mit Milka. Anstelle von Zimt kann das Kirschkompott auch durch Nelken oder etwas Chili seinen besonderen Pfiff bekommen. Und wer nicht selbst kochen möchte, nimmt einfach fertige Kirschgrütze aus dem Kühlregal.

Schoko-Pannacotta

Portionen: 6 | Zubereitungszeit: 20 Minuten | Kühlzeit: 2 Stunden

½ Pck. gemahlene Gelatine

200 ml Kochsahne (15 % Fett)

2 Pck. PHILADELPHIA mit Milka® (à 175 g)

300 g Beerenmischung (frisch oder tiefgekühlt)

30 g Puderzucker

1. Gelatine in 6 EL kaltem Wasser 10 Minuten einweichen. In der Zwischenzeit Sahne erhitzen und kurz aufkochen; vom Herd nehmen und leicht abkühlen lassen. Gelatine in die warme Sahne rühren, bis sie sich gelöst hat, dafür gegebenenfalls Sahne erneut leicht erwärmen.

2. Philadelphia mit Milka dazugeben und unterrühren. Pannacotta in kleine Förmchen – z. B. Tassen oder Gläser – geben und mindestens 2 Stunden kühlen.

3. Tiefgekühlte Beeren auftauen lassen. Beeren mit Puderzucker pürieren. Schoko-Pannacotta auf Dessertteller stürzen und mit dem Beerenpüree anrichten.

Pro Portion: ca. 1184 kJ/283 kcal; E 6 g; F 13 g; KH 35 g

Tipp: Das Stürzen geht einfacher, wenn Sie die Pannacotta mit einem Löffel an einer Seite leicht lockern oder die Förmchen vorher kurz in heißes Wasser tauchen bzw. stellen.

Schoko-Kaffee-Mousse

Portionen: 4 | Zubereitungszeit: 20 Minuten | Kühlzeit: 1 Stunde 20 Minuten

½ Pck. gemahlene Gelatine

125 ml Milch

1 EL JACOBS® Krönung Gold Löskaffee

2 Pck. PHILADELPHIA mit Milka® (à 175 g)

2 Eier

20 g Zucker

1. Gelatine in der Milch 10 Minuten einweichen. Danach mit löslichem JACOBS® Kaffee unter Rühren erwärmen, bis sich die Gelatine gelöst hat. Vom Herd nehmen und Philadelphia mit Milka einrühren. Für 20 Minuten kalt stellen.

2. Eier trennen. Eiweiß steif schlagen, dabei den Zucker einrieseln lassen. Die leicht gelierte Philadelphia-Creme einmal durchrühren. Eischnee mit einem Schneebesen unterheben. Mousse in 4 Tassen füllen und 1 weitere Stunde kühlen.

Pro Portion: ca. 1280 kJ/306 kcal; E 10 g; F 12 g; KH 39 g

Tipp: Nach 1 Stunde Kühlen hat die Mousse die perfekte cremige, aber typisch moussige Konsistenz.

Süße Fruchtblüten

Stück: 12 | Zubereitungszeit: 20 Minuten | Backzeit: 10 Minuten

6 Blatt Yufka- oder Filoteig (gekühltes Fertigprodukt)

1 Marzipandecke

200 g Früchte (z. B. Himbeeren, Heidelbeeren oder Erdbeeren)

250 g PHILADELPHIA mit Milka®

2 EL Joghurt

1. Backofen auf 180 °C (Umluft) vorheizen. Eine Muffinform mit etwas Butter oder Margarine einfetten. Jedes Teigblatt in 4 Quadrate schneiden. Je 2 Quadrate aufeinanderlegen und wie eine Blüte in eine Muffinmulde legen.

2. Aus der Marzipandecke mit einem kleinen Glas 12 Kreise ausstechen und als Böden in die Blüten legen. Blüten etwa 5 Minuten backen.

3. Geputzte Früchte in die gebackenen Blüten verteilen. Philadelphia mit Milka und Joghurt verrühren und jeweils einen dicken Klecks der Creme auf die Früchte geben.

Pro Stück: 908 kJ/217 kcal; E 4 g; F 7 g; KH 33 g

Tipp: Die Yufka-Blüten haben mehr Platz in der Muffinform, wenn Sie nur jede zweite Mulde nutzen. Da sie in nur 5 Minuten ausgebacken sind, ist auch das zweite Blech schnell fertig.
Anstelle der Schoko-Creme schmeckt auch eine frische Creme aus Philadelphia Classic, verrührt mit Joghurt und etwas Zitronensaft und leicht gesüßt mit etwas Honig oder Puderzucker, köstlich.

Torten & Gebäck

Schoko-Karamell-Torte

Stücke: 16 | Zubereitungszeit: 40 Minuten | Kühlzeit: 3 Stunden

150 g Butterkekse

125 g Butter

3 Pck. PHILADELPHIA mit Milka® (à 175 g)

340 g Kondensmilch (7,5 % Fett)

1 Prise Salz

1 Pck. gemahlene Gelatine

175 g Karamellbonbons (Weichkaramellen)

1. Kekse in einen Gefrierbeutel füllen, Beutel verschließen und den Inhalt mit einem Nudelholz oder den Händen vollständig zerbröseln. Butter schmelzen, mit den Bröseln vermischen und in eine mit Backpapier ausgelegte Springform drücken.

2. Philadelphia mit Milka, 300 g Kondensmilch und 1 Prise Salz mit dem elektrischen Handrührgerät vermengen.

3. Gelatine in 150 ml kaltem Wasser 10 Minuten einweichen. Unter Rühren erwärmen, bis sich die Gelatine gelöst hat; zügig unter die Philadelphia-Creme rühren. Philadelphia-Creme in die Springform füllen, 4 der Weichkaramellen grob hacken und in die Creme geben. Torte für 3 Stunden kühlen.

4. Vor dem Servieren die übrigen Karamellen in der restlichen Kondensmilch bei mittlerer Hitze schmelzen, dabei öfter umrühren. Karamell-Creme 10 Minuten abkühlen lassen und dann auf die Torte geben.

Pro Stück: ca. 1130 kJ/270 kcal; E 5 g; F 14 g; KH 30 g

Marmorierte Schoko-Kokos-Torte

Stücke: 16 | Zubereitungszeit: 30 Minuten | Kühlzeit: 3 Stunden

150 g Löffelbiskuits

125 g Butter

150 g Joghurt

1 Prise Salz

1 Pck. gemahlene Gelatine

25 g Zucker

175 g PHILADELPHIA Classic Balance

1 kleine Dose Kokosmilch (ca. 165 g)

2 Pck. PHILADELPHIA mit Milka® (à 175 g)

1. Löffelbiskuits in einen Gefrierbeutel füllen, Beutel verschließen und den Inhalt mit einem Nudelholz oder den Händen vollständig zerbröseln. Butter schmelzen, mit den Bröseln vermischen und in eine mit Backpapier ausgelegte Springform drücken.

2. Joghurt und 1 Prise Salz mit dem elektrischen Handrührgerät vermengen. Gelatine in 150 ml kaltem Wasser 10 Minuten einweichen. Zucker hinzufügen und alles unter Rühren erwärmen, bis sich die Gelatine gelöst hat; zügig unter die Joghurt-Creme rühren.

3. Die Hälfte der Joghurt-Creme umfüllen und mit Philadelphia Classic und Kokosmilch glatt rühren. Restliche Joghurt-Creme und Philadelphia mit Milka glatt rühren.

4. Schoko- und Kokos-Creme abwechselnd in die Springform füllen. Schichten mit einem Gabelstiel marmorieren, anschließend die Torte für 3 Stunden kühlen.

Pro Stück: ca. 858 kJ/205 kcal; E 4 g; F 13 g; KH 18 g

Tipp: Für einen noch intensiveren Kokosgeschmack können Sie Kokosraspel auf den Tortenboden streuen.

Gebackene Schoko-Orangen-Torte

Stücke: 16 | Zubereitungszeit: 25 Minuten | Backzeit: 1 Stunde | Ruhezeit: 1 Stunde

150 g Vollkornkekse

200 g Butter (zimmerwarm)

3 Eier

1 Prise Salz

2 Orangen

4 Pck. PHILADELPHIA mit Milka® (à 175 g)

50 g Mehl

1. Backofen auf 160 °C (Umluft) vorheizen. Kekse in einen Gefrierbeutel füllen, Beutel verschließen und den Inhalt mit einem Nudelholz oder den Händen vollständig zerbröseln. 80 g Butter schmelzen, mit den Bröseln vermischen und in eine mit Backpapier ausgelegte Springform drücken.

2. Eier trennen; Eiweiß mit 1 Prise Salz steif schlagen und beiseitestellen. Mit der Küchenreibe von 1 Orange die Schale abreiben. Orangenschale, Eigelb und übrige Butter mit dem elektrischen Handrührgerät cremig aufschlagen.

3. Philadelphia mit Milka und Mehl unterrühren, anschließend den Eischnee unterheben. Creme in die Springform geben und die Torte im Ofen 1 Stunde backen. Anschließend im abgeschalteten Ofen 1 weitere Stunde komplett auskühlen lassen, dafür die Ofentür einen Spalt öffnen.

4. Vor dem Servieren von der zweiten Orange mit einem Zestenreißer etwas Orangenschale abziehen. Beide Orangen dick schälen und in Scheiben schneiden. Zesten und Orangenscheiben mit der gebackenen Torte anrichten.

Pro Stück: ca. 1238 kJ/296 kcal; E 5 g; F 18 g; KH 29 g

Schokotorte à la Schwarzwälder Kirsch

Stücke: 16 | Zubereitungszeit: 45 Minuten | Kühlzeit: 3 Stunden

150 g Löffelbiskuits

125 g Butter

5 EL Kaba® Kakaopulver

3 EL Kirschwasser

2 große Gläser Sauerkirschen (entsteint)

2 Pck. Tortenguss

4 EL Zucker

3 Pck. PHILADELPHIA mit Milka® (à 175 g)

300 g Joghurt

1 Prise Salz

1 Pck. gemahlene Gelatine

20 g Milka® Weiße Schokolade (geraspelt)

1. Löffelbiskuits in einen Gefrierbeutel füllen, Beutel verschließen und den Inhalt mit einem Nudelholz oder den Händen zerbröseln. Butter schmelzen, mit den Bröseln und Kaba® Kakaopulver vermischen und in eine mit Backpapier ausgelegte Springform drücken. Kirschwasser über den Boden träufeln.

2. Kirschen abtropfen lassen, den Saft dabei auffangen. Kirschen in der Springform verteilen, sodass der Boden bedeckt ist. Restliche Kirschen für die Dekoration beiseitelegen.

3. Tortenguss mit Zucker mischen und mit 250 ml Kirschsaft und 250 ml Wasser glatt rühren. Unter Rühren zum Kochen bringen, kurz aufkochen. Guss über die Kirschen geben und gut verteilen, anschließend die Springform kalt stellen.

4. Philadelphia mit Milka, Joghurt und 1 Prise Salz mit dem elektrischen Handrührgerät vermengen. Gelatine in 150 ml kaltem Wasser 10 Minuten einweichen. Unter gelegentlichem Rühren erwärmen, bis sich die Gelatine gelöst hat; zügig unter die Philadelphia-Creme rühren. Creme in die Springform füllen. Torte für 3 Stunden kühlen. Vor dem Servieren mit Milka® Schokolade und Kirschen dekorieren.

Pro Stück: ca. 983 kJ/235 kcal; E 4 g; F 12 g; KH 27 g

Schokotorte Birne-Krokant

Stücke: 16 | Zubereitungszeit: 40 Minuten | Kühlzeit: 3 Stunden

150 g Vollkorn-Butterkekse

125 g Butter

3 Pck. PHILADELPHIA
mit Milka® (à 175 g)

300 g Joghurt

1 Prise Salz

1 Dose Birnen
(abgetropft ca. 230 g)

1 Pck. gemahlene Gelatine

30 g Haselnusskrokant

1. Kekse in einen Gefrierbeutel füllen, Beutel verschließen und den Inhalt mit einem Nudelholz oder den Händen vollständig zerbröseln. Butter schmelzen, mit den Bröseln vermischen und in eine mit Backpapier ausgelegte Springform drücken.

2. Philadelphia mit Milka, Joghurt und 1 Prise Salz mit dem elektrischen Handrührgerät vermengen. Birnen abtropfen lassen, den Saft auffangen; Birnen in Spalten schneiden.

3. Gelatine in 150 ml Birnensaft 10 Minuten einweichen. Unter Rühren erwärmen, bis sich die Gelatine gelöst hat; zügig unter die Philadelphia-Creme rühren.

4. Creme in die Springform füllen und die Birnenspalten in der Torte verteilen. Die Torte für 3 Stunden kühlen. Kurz vor dem Servieren mit Haselnusskrokant dekorieren.

Pro Stück: ca. 971 kJ/232 kcal; E 4 g; F 13 g; KH 25 g

Tipp: Wenn Sie frische Birnen verwenden, benötigen Sie wegen des fehlenden Saftes 150 ml Wasser zum Einweichen der Gelatine.

Schokotorte Rum-Traube

Stücke: 16 | Zubereitungszeit: 30 Minuten | Kühlzeit: 3 Stunden

150 g Löffelbiskuits

125 g Butter

3 Pck. PHILADELPHIA mit Milka® (à 175 g)

300 g Joghurt

1 Prise Salz

100 ml Rum

1 Pck. gemahlene Gelatine

25 g Zucker

200 g Weintrauben

1. Löffelbiskuits in einen Gefrierbeutel füllen, Beutel verschließen und den Inhalt mit einem Nudelholz oder den Händen vollständig zerbröseln. Butter schmelzen, mit den Bröseln vermischen und in eine mit Backpapier ausgelegte Springform drücken.

2. Philadelphia mit Milka, Joghurt und 1 Prise Salz mit dem elektrischen Handrührgerät vermengen.

3. Rum mit kaltem Wasser auf 150 ml auffüllen, Gelatine darin 10 Minuten einweichen. Zucker hinzufügen und alles unter Rühren erwärmen, bis sich die Gelatine gelöst hat; zügig unter die Philadelphia-Creme rühren.

4. Creme in die Springform füllen und die Torte für 3 Stunden kühlen. Vor dem Servieren mit halbierten Weintrauben dekorieren.

Pro Stück: ca. 962 kJ/230 kcal; E 4 g; F 12 g; KH 24 g

Tipp: Natürlich können Sie die Torte auch alkoholfrei zubereiten: dafür einfach den Rum durch Wasser ersetzen. Sie können für eine nussige Variante des Bodens gehackte Haselnüsse mit den Löffelbiskuitbröseln vermengen.

New York Chocolate-Cheesecake

Stücke: 16 | Zubereitungszeit: 30 Minuten | Backzeit: 35 Minuten | Ruhezeit: 1 Stunde
Kühlzeit: 5 Stunden

150 g Vollkornkekse

125 g Butter

4 Pck. PHILADELPHIA mit Milka® (à 175 g)

50 g Zucker

2 EL Mehl

1 Prise Salz

3 Eier

175 g PHILADELPHIA Classic Balance

4 EL Milch

1. Backofen auf 200 °C (Umluft) vorheizen. Kekse in einen Gefrierbeutel füllen, Beutel verschließen und den Inhalt mit einem Nudelholz oder den Händen vollständig zerbröseln. Butter schmelzen, mit den Bröseln vermischen und in eine mit Backpapier ausgelegte Springform drücken.

2. Philadelphia mit Milka, Zucker, Mehl und 1 Prise Salz mit dem elektrischen Handrührgerät auf niedrigster Stufe vermengen. Nacheinander die Eier kurz unterrühren.

3. Den Rand der Springform mit etwas Butter fetten. Philadelphia-Creme in die Springform füllen und die Oberfläche glatt streichen. Kuchen 10 Minuten im Ofen backen, anschließend die Temperatur auf 90 °C reduzieren und den Kuchen für weitere 25 Minuten backen. Backofen ausschalten und den Cheesecake bei leicht geöffneter Ofentür 1 Stunde im Ofen abkühlen lassen.

4. Philadelphia Classic mit Milch glatt rühren und auf dem abgekühlten Kuchen verteilen. Cheesecake für 5 Stunden oder über Nacht kühl stellen.

Pro Stück: ca. 1177 kJ/281 kcal; E 7 g; F 17 g; KH 25 g

Himbeer-Schoko-Tortenherz

Stücke: 16 | Zubereitungszeit: 35 Minuten | Kühlzeit: 3 Stunden

150 g Löffelbiskuits

125 g Butter

3 Pck. PHILADELPHIA mit Milka® (à 175 g)

300 g Schokojoghurt (oder Nussjoghurt)

1 Prise Salz

1 Pck. gemahlene Gelatine

25 g Zucker

300 g Himbeeren

25 g Puderzucker

1. Form vorbereiten: Herzbackrahmen ohne Boden auf eine passende Tortenplatte setzen und wenn nötig außen mit Klebestreifen fixieren. Herzspringform mit Backpapier auslegen. Löffelbiskuits in einen Gefrierbeutel füllen, Beutel verschließen und den Inhalt mit einem Nudelholz oder den Händen vollständig zerbröseln. Butter schmelzen, mit den Bröseln vermischen und in die Form drücken.

2. Philadelphia mit Milka, Joghurt und 1 Prise Salz mit dem elektrischen Handrührgerät vermengen.

3. Gelatine in 150 ml kaltem Wasser 10 Minuten einweichen. Zucker hinzufügen und alles unter Rühren erwärmen, bis sich die Gelatine gelöst hat; zügig unter die Philadelphia-Creme rühren. Creme in die Form füllen und die Torte für 3 Stunden kühlen.

4. Himbeeren mit Puderzucker fein pürieren. Vor dem Servieren die Himbeersauce auf die Torte geben und vorsichtig verstreichen.

Pro Stück: ca. 984 kJ/235 kcal; E 4 g; F 12 g; KH 27 g

Tipp: Natürlich können Sie die Torte auch in einer klassischen runden Springform mit 26 cm Durchmesser zubereiten.

Kuhfleckentorte

Stücke: 16 | Zubereitungszeit: 30 Minuten | Kühlzeit: 3 Stunden

150 g Löffelbiskuits

125 g Butter

300 g Joghurt

1 Prise Salz

1 Pck. gemahlene Gelatine

75 g Zucker

175 g PHILADELPHIA mit Milka®

2 Pck. PHILADELPHIA Classic Doppelrahmstufe (à 175 g)

1. Löffelbiskuits in einen Gefrierbeutel füllen, Beutel verschließen und den Inhalt mit einem Nudelholz oder den Händen vollständig zerbröseln. Butter schmelzen, mit den Bröseln vermischen und in eine mit Backpapier ausgelegte Springform drücken.

2. Joghurt und 1 Prise Salz mit dem elektrischen Handrührgerät vermengen.

3. Gelatine in 150 ml kaltem Wasser 10 Minuten einweichen. Zucker hinzufügen und alles unter Rühren erwärmen, bis sich die Gelatine gelöst hat; zügig unter die Joghurt-Creme rühren.

4. Etwa ein Drittel der Joghurt-Creme umfüllen und mit Philadelphia mit Milka glatt rühren. Restliche Joghurt-Creme mit Philadelphia Classic glatt rühren.

5. Die Hälfte der weißen Philadelphia-Creme in die Springform füllen. Mit dem Löffel die Hälfte der braunen Philadelphia-Creme als Flecken darauf verteilen. Restliche weiße Creme vorsichtig einfüllen und die »Kuhflecken« mit der verbliebenen Schoko-Creme nachdekorieren. Torte für mindestens 3 Stunden kühlen.

Pro Stück: ca. 896 kJ/214 kcal; E 4 g; F 14 g; KH 18 g

Orientalische Schoko-Pflaumen-Torte

Stücke: 16 | Zubereitungszeit: 30 Minuten | Kühlzeit: 3 Stunden

150 g Spekulatius

125 g Butter

3 Pck. PHILADELPHIA mit Milka® (à 175 g)

300 g Joghurt

1 Prise Salz

3 EL Zimtpulver

½ TL Kardamompulver

1 Pck. gemahlene Gelatine

25 g Zucker

100 g Pflaumenmus

1. Spekulatius in einen Gefrierbeutel füllen, Beutel verschließen und den Inhalt mit einem Nudelholz oder den Händen vollständig zerbröseln. Butter schmelzen, mit den Bröseln vermischen und in eine mit Backpapier ausgelegte Springform drücken.

2. Philadelphia mit Milka, Joghurt, 1 Prise Salz, Zimt und Kardamom mit dem elektrischen Handrührgerät vermengen.

3. Gelatine in 150 ml kaltem Wasser 10 Minuten einweichen. Zucker hinzufügen und alles unter Rühren erwärmen, bis sich die Gelatine gelöst hat; zügig unter die Philadelphia-Creme rühren.

4. Die Hälfte der Philadelphia-Creme in die Springform füllen. Pflaumenmus mit 2 bis 3 EL Wasser glatt rühren und spiralförmig auf der Creme verteilen, den Rand aussparen. Übrige Philadelphia-Creme darübergeben und die Torte für 3 Stunden kühlen. Nach Belieben mit frischen Pflaumen dekorieren.

Pro Stück: ca. 962 kJ/230 kcal; E 4 g; F 13 g; KH 24 g

Tipp: Anstelle von Spekulatius können Sie natürlich auch Löffelbiskuits oder Butterkekse verwenden.

Schoko-Marshmallow-Eistorte

Stücke: 16 | Zubereitungszeit: 25 Minuten | Gefrierzeit: 4 Stunden

100 g Milka®
Weiße Schokolade

175 g PHILADELPHIA
Classic Balance

300 g Sahnejoghurt

2 Pck. PHILADELPHIA
mit Milka® (à 175 g)

100 g Marshmallows

150 g Butterkekse

125 g Butter

1. Milka® Schokolade in Stücke brechen und bei geringer Leistung 1 bis 2 Minuten in der Mikrowelle schmelzen. Mit Philadelphia Classic und 150 g Sahnejoghurt zu einer glatten Creme verrühren.

2. Übrigen Sahnejoghurt und Philadelphia mit Milka verrühren. Marshmallows in je 4 Stücke zupfen oder schneiden und unter die schokobraune Philadelphia-Creme mischen. Beide Cremes abwechselnd in eine mit Frischhaltefolie ausgelegte Kastenform füllen.

3. Kekse in einen Gefrierbeutel füllen, Beutel verschließen und den Inhalt mit einem Nudelholz oder den Händen vollständig zerbröseln. Butter schmelzen und mit den Bröseln vermischen. Butterkeksbrösel auf die Philadelphia-Masse verteilen und leicht andrücken.

4. Torte für mindestens 4 Stunden oder über Nacht gefrieren. Vor dem Servieren aus der Form stürzen, leicht antauen lassen und die Folie entfernen.

Pro Stück: ca. 1071 kJ/256 kcal; E 4 g; F 16 g; KH 25 g

Tipp: Sie können auch bunte Mini-Marshmallows verwenden; diese geben Sie ohne weiteres Zerteilen in die dunkle Schoko-Creme – sieht toll aus!

Schoko-Erdbeer-Eistorte

Stücke: 16 | Zubereitungszeit: 25 Minuten | Gefrierzeit: 6 Stunden

300 g Erdbeeren (frisch oder tiefgekühlt)

25 g Puderzucker

150 g Löffelbiskuits

100 g Butter

3 Pck. PHILADELPHIA mit Milka® (à 175 g)

400 g Sahnejoghurt

1. Erdbeeren mit Puderzucker fein pürieren.

2. Löffelbiskuits in einen Gefrierbeutel füllen, Beutel verschließen und den Inhalt mit einem Nudelholz oder den Händen vollständig zerbröseln. Butter schmelzen, mit den Bröseln vermischen und in eine mit Backpapier ausgelegte Springform drücken.

3. Philadelphia mit Milka und Sahnejoghurt mit dem elektrischen Handrührgerät vermengen. Zwei Drittel der Creme in die Springform füllen. Erdbeerpüree auf der Masse verteilen und den Rest der Philadelphia-Creme darübergeben. Schichten mit einem Gabelstiel leicht marmorieren und anschließend die Torte für mindestens 6 Stunden, besser über Nacht, gefrieren. Vor dem Servieren etwas antauen lassen.

Pro Stück: ca. 920 kJ/220 kcal; E 4 g; F 13 g; KH 23 g

Tipp: Wenn Sie tiefgekühlte Erdbeeren verwenden, sollten Sie diese vor der Verwendung auftauen lassen, damit Sie sie besser verarbeiten können.

Süße Minipizzen

Stück: 12 | Zubereitungszeit: 25 Minuten | Ruhezeit: 30 Minuten | Backzeit: 10 Minuten

400 g Mehl

1 Pck. Trockenhefe

1 TL Salz

3 EL Olivenöl

400 g Obst
(z. B. 1 Apfel, 1 Banane, 150 g Weintrauben)

175 g PHILADELPHIA mit Milka®

1. Mehl und Hefe sorgfältig mischen. Mit Salz, Olivenöl und 250 ml lauwarmem Wasser zu einem glatten Teig verarbeiten; anschließend zugedeckt an einem warmen Ort 30 Minuten gehen lassen.

2. Ofen auf 200 °C (Umluft) vorheizen. Teig durchkneten und auf einer bemehlten Arbeitsfläche dünn ausrollen. Mit einem Glas 12 Teigkreise ausstechen; auf ein mit Backpapier belegtes Backblech legen und mit einer Gabel jeweils 6- bis 7-mal einstechen. Im Ofen 10 bis 15 Minuten backen, bis die Pizzen leicht gebräunt sind.

3. Obst waschen, putzen und klein schneiden.

4. Fertig gebackene Minipizzen mit Philadelphia mit Milka bestreichen. Mit den Früchten belegen und nach Belieben mit Kokosspänen oder geraspelter weißer Schokolade bestreuen.

Pro Stück: 849 kJ/203 kcal; E 5 g; F 5 g; KH 34 g

Tipp: Wenn's mal schnell gehen soll, können Sie auch einen fertigen Pizzateig aus dem Kühlregal verwenden und diesen nach Packungsanweisung zubereiten.

Banana-Cupcakes mit Schokohaube

Stück: 12 | Zubereitungszeit: 15 Minuten | Backzeit: 30 Minuten

200 g Mehl

2 TL Backpulver

175 g PHILADELPHIA Classic Balance

140 g Zucker

1 Pck. Vanillezucker

1 Prise Salz

100 g Butter (zimmerwarm)

2 Eier

5 EL Milch

1 Banane

175 g PHILADELPHIA mit Milka®

1. Backofen auf 160 °C (Umluft) vorheizen. Mehl sorgfältig mit dem Backpulver mischen. Philadelphia Classic, Zucker, Vanillezucker, 1 Prise Salz, 50 g Butter, Eier und Milch zugeben und mit dem elektrischen Handrührgerät zu einem glatten Teig verrühren.

2. Banane schälen, in Stücke schneiden und unter den Teig mischen. Teig in eine gefettete oder mit Papierförmchen ausgelegte Muffinform füllen und ca. 30 Minuten im Ofen backen, anschließend abkühlen lassen.

3. In der Zwischenzeit Philadelphia mit Milka und übrige Butter zu einer glatten Creme verrühren und bis zur Verwendung kalt stellen. Masse auf die Muffins streichen und nach Belieben mit Zuckerperlen bestreuen.

Pro Stück: ca. 1088 kJ/260 kcal; E 5 g; F 12 g; KH 33 g

Tipp: Anstelle der Banane können Sie auch Sauerkirschen, Heidelbeeren oder geriebenen Apfel in den Teig geben. Dekorieren Sie die Cupcakes mit gehackten Nüssen, Zuckerstreuseln oder Zuckerblüten – sieht toll aus!

Schoko-Torteletts mit Beerenfrüchten

Stück: 8 | Zubereitungszeit: 15 Minuten

2 Pck. PHILADELPHIA mit Milka® (à 175 g)

2 EL Milch

8 Torteletts, z. B. aus Mürbeteig

250 g Obst (z. B. Erdbeeren, Himbeeren, Heidelbeeren oder Feigen)

1. Philadelphia mit Milka und Milch zu einer glatten Creme verrühren.

2. Philadelphia-Creme auf den Torteletts verteilen. Mit den geputzten Früchten belegen und nach Belieben mit gehackten Nüssen, z. B. Pistazien oder gerösteten Haselnüssen, dekorieren.

Pro Stück: ca. 1138 kJ/272 kcal; E 5 g; F 11 g; KH 37 g

Macadamia-Cookies

Stück: 20 (je nach Größe) | Zubereitungszeit: 20 Minuten | Backzeit: 15 Minuten

Das Bild zu diesem Rezept finden Sie auf Seite 62.

175 g Mehl

1 ½ TL Backpulver

90 g Margarine

60 g Zucker

1 Prise Salz

175 g PHILADELPHIA mit Milka®

50 g Macadamias (leicht gesalzen)

1. Mehl und Backpulver gut mischen. Margarine, Zucker und 1 Prise Salz mit dem elektrischen Handrührgerät schaumig rühren. Philadelphia mit Milka und Mehl nacheinander unter die Masse rühren.

2. Backofen auf 175 °C (Umluft) vorheizen. Nüsse grob hacken und unter den Teig heben. Mithilfe eines Löffels große Kekse auf ein mit Backpapier belegtes Blech setzen und diese ca. 15 Minuten backen.

Pro Stück: ca. 435 kJ/104 kcal; E 1 g; F 6 g; KH 11 g

Peanut Butter Brownies

Stück: 24 | Zubereitungszeit: 25 Minuten | Backzeit: 20 Minuten

2 Pck. PHILADELPHIA mit Milka® (à 175 g)

150 g Erdnussbutter (cremig)

5 Eier

175 g Margarine

250 g Zucker

175 g Mehl

60 g Backkakao

1 TL Backpulver

1. Backofen auf 180 °C (Umluft) vorheizen. Philadelphia mit Milka, Erdnussbutter und 2 Eier cremig verrühren.

2. Margarine, Zucker, Mehl, übrige Eier, Kakao und Backpulver mit dem elektrischen Handrührgerät zu einem glatten Teig vermengen.

3. Den dunklen Teig auf ein gefettetes Backblech verteilen. Philadelphia-Erdnuss-Creme darauf geben und anschließend mit einer Gabel die Teigschichten leicht marmorieren. Brownies im Ofen 20 bis 25 Minuten backen, dann abkühlen lassen und in Stücke schneiden.

Pro Stück: ca. 929 kJ/222 kcal; E 5 g; F 13 g; KH 22 g

Tipp: Sie können die Teigmassen auch abwechselnd in eine gefettete Kastenform füllen und leicht marmorieren – so erhalten Sie einen wunderbar saftigen, marmorierten Schokokuchen. Dafür die Backzeit je nach Größe der Backform entsprechend erhöhen.

Minitörtchen

Stück: ca. 16 (je nach Förmchengröße) | Zubereitungszeit: 30 Minuten | Backzeit: 10 Minuten
Kühlzeit: 3 Stunden

4 Eier

2 Prisen Salz

100 g Zucker

100 g Mehl

3 Pck. PHILADELPHIA mit Milka® (à 175 g)

300 g Joghurt

1 Pck. gemahlene Gelatine

1. Backofen auf 180 °C (Umluft) vorheizen. Eier trennen, das Eiweiß mit 1 Prise Salz steif schlagen, Zucker dabei einrieseln lassen. Die Eigelbe unterschlagen. Mehl dazugeben und kurz unterheben. Biskuitteig auf einem mit Backpapier ausgelegten Blech verstreichen und im Ofen ca. 10 Minuten goldbraun backen, anschließend auskühlen lassen.

2. Am Rand des Biskuits entlangschneiden, um ihn vom Backblechrand zu lösen. Biskuit kopfüber auf eine Arbeitsplatte legen, dann das Backpapier abziehen. Anschließend auf ein Backblech legen.

3. Philadelphia mit Milka, Joghurt und 1 Prise Salz mit dem elektrischen Handrührgerät vermengen. Gelatine in 150 ml kaltem Wasser 10 Minuten einweichen. Unter Rühren erwärmen, bis sich die Gelatine gelöst hat. Zügig unter die Philadelphia-Creme rühren. Creme auf den Biskuitteig geben und 3 Stunden kühlen.

4. Törtchen ausstechen und durch Drücken gegen den Biskuitboden von unten durch die Förmchen schieben. Mit frischen Früchten oder Nüssen dekorieren.

Pro Stück: ca. 983 kJ/235 kcal; E 4 g; F 12 g; KH 27 g

Rezeptregister

Über dieses Buch

Redaktionsleitung
Susanne Kirstein

Projektleitung Verlag
Sonia Gembus, Eva Wagner

KRAFT Foods
Birte Grimm, Katja Böse

DTP Satz, Producing
Andreas Rimmelspacher

Redaktion
Text & Form, Nicola von Otto

Korrektur
Dr. Ulrike Kretschmer

Covergestaltung und Layout
Eva M. Salzgeber, Neubeuern

Reproduktion
PrePrint-Produktion
Zoran Dietner, München

Druck und Verarbeitung
Mohn media Mohndruck GmbH, Gütersloh

Printed in Germany

Verlagsgruppe Random House
FSC-DEU-0100

Das für diesen Titel verwendete Papier ist FSC®-zertifiziert.

ISBN 978-3-517-08757-3
9817 2635 4453 6271

Hinweis
Die Ratschläge in diesem Buch sind von Autorinnen und Verlag sorgfältig erwogen und geprüft, dennoch kann eine Garantie nicht übernommen werden. Eine Haftung der Autorinnen bzw. des Verlags und seiner Beauftragten für Personen-, Sach- und Vermögensschäden ist ausgeschlossen.

www.suedwest-verlag.de
www.villavitalia.de

Bildnachweis
Fotografie: Kai Schwabe Fotografie, Bremen